Barbara Jaglarz/Georg Bemmerlein

Immerwährender Kalender zum Selbstgestalten im Kunstunterricht

Kreative Ideen als Kopiervorlagen für Grundschule und Sekundarstufe I

3.–6. Klasse

Persen Verlag

Gedruckt auf umweltbewusst gefertigtem, chlorfrei gebleichtem und alterungsbeständigem Papier.

7. Auflage 2019
© 2005 PERSEN Verlag, Hamburg
AAP Lehrerwelt GmbH
Alle Rechte vorbehalten.

Überarbeitung: MouseDesign Medien AG, Zeven

ISBN 978-3-8344-**3660**-3

www.persen.de

Inhalt

Vorwort 5

Titelblätter 7

Kalendarium 12

Monatsblätter 25

Januar   Glückskleeblatt aus Moosgummi (S) 26
          „Happy New Year" als bunter Schriftzug 27
          Eisbär aus Watte 28
          Schneeflocken-Scherenschnitte 29

Februar   Weidenkätzchen-Fingerdruck (S) 30
          Clown aus Tonpapier 31
          Zugeknöpftes Tonpapier 32
          Schneeglöckchen aus Filz 33

Farbabbildungen von Schülerarbeiten 34

März   Blühende Forsythien pusten und drucken (S) 46
          Ein Hahn aus Filz 47
          Osterei aus Glanzpapier 48
          Yin-Yang-Symbol konstruieren 49

April   Aprilwetter-Smileys aus Tonpapier (S) 50
          Der Wasserfarben-Regenbogen 51
          Alle Vögel sind schon da – aus Tonpapier und Federn 52
          Primeln aus Knöpfen 53

Mai   Handabdruck mit Wasserfarben (S) 54
          Tulpenbeet aus Transparentpapier 55
          Marienkäfer aus Wachs 56
          Muttertagsherz aus Bastelkarton 57

Juni   Rote Sonne aus Wellpappe (S) 58
          Kartensymbole konstruieren 59
          Schmetterlinge aus Regenbogenkarton und Alufolie 60
          Wäscheleine aus Stoffresten 61

Juli	Sonnenstrahlen aus Wolle (S)	62
	Bilderordnung in sonnigen Farben	63
	Unterwasserlandschaft aus Moosgummi	64
	Eisbecher als Reißcollage	65
August	Sommerregatta aus Wellpappe (S)	66
	Schattenspiel der Nordseefische	67
	Farbige Fingerkrabben beim Strandaerobic	68
	Sonnenuntergang aus Glanzpapier	69
September	Herbstbaum aus Tapetenresten (S)	70
	Drachen aus Jute	71
	Apfel aus Moosgummi	72
	Saftige Weintrauben mit Korkendruck und Spritztechnik	73
Oktober	Geisterstunde aus Tonpapier (S)	74
	Fliegenpilz aus Tonpapier	75
	Igel drucken	76
	Kürbis aus Filz	77
November	Herbstblätter in Spritztechnik (S)	78
	„Die Vogelscheuche" von Morgenstern illustrieren	79
	Baum vor einen Sonnenuntergang pusten	80
	Raupe aus buntem Tonpapier	81
Dezember	Weihnachtsbaum mit Knöpfen (S)	82
	Weihnachtsbaumkugel aus Wollresten	83
	Neujahrsuhr aus Glanzpapier	84
	Schneemann bei Nacht aus Tapetenresten	85

Vorwort

Über Mangel an Motivation braucht man sich nicht beklagen: Der selbst gebastelte Kalender als Weihnachtsgeschenk für die Eltern erfreute sich bei Schülern schon immer großer Beliebtheit. Auch heute noch bemerkt man bei manchen Schülern regelrecht Erleichterung, wenn das Thema im Unterricht eingeführt wird. Die Frage „Was schenke ich bloß den Eltern zu Weihnachten …?" ist gelöst, der Kalender wird in der Schule hergestellt, Papa und Mama erfahren davon nichts. Und wenn der Kalender während der Arbeit in der Schule bleiben kann, muss man die Überraschung nicht zu Hause bis Weihnachten verstecken.

Auf folgende Dinge muss geachtet werden:

1. Kalender in einheitlicher Machart wiederholen dieselbe Technik, möglicherweise sogar Thematik, zwangsläufig zwölf Mal. Das verlangt von Schülern viel Durchhaltevermögen. Deshalb haben wir bei der Konzeption unseres Kalenders auf Methodenvielfalt geachtet: Es wird gemalt, konstruiert, gezeichnet, ausgeschnitten, geklebt, genäht, gespritzt … Die abwechslungsreichen Themen gehen von Jahreszeit und Natur bis zu Schrift, Gedicht und Symbol. Ebenso wird unterschiedliches Material eingesetzt: Das Spektrum reicht vom Tonpapier über Filz und Moosgummi bis zu Stoff und Knöpfen. Dieses Arbeitsmaterial kann leicht besorgt werden und ist nicht teuer, oft werden nur Materialreste oder -abfälle benötigt. Die Materialien können häufig auch geändert und leicht ersetzt werden, beispielsweise kann statt Tonpapier auch bemaltes weißes Papier eingesetzt werden. Bei der Materialauswahl sollte aber beachtet werden, dass der gesamte Kalender eine bestimmte Dicke nicht überschreitet.

2. Die Ausführung der einzelnen Aufgaben muss Erfolg garantieren. Die meisten Schüler sind durchaus selbstkritisch und werden ihr Produkt nur vorzeigen, wenn ein gewisser ästhetischer Anspruch erfüllt ist. Entsprechend sind die Aufgabenstellungen und Themen darauf angelegt, ohne großen Aufwand einen ästhetisch ansprechenden Effekt zu erzielen.

3. Die Herstellung eines Kalenders im Kunstunterricht kommt oft unter unangenehmen Zeitdruck. Schließlich müssen Schüler in einer Gruppe mit verschiedenen gestalterischen Begabungen und technischen Fähigkeiten zwölf verschiedene Objekte herstellen, daneben aber noch beurteilt werden. Ebenfalls müssen auch anders gelagerte Lernziele erreicht werden. Um diesem Problem zu entgehen, haben wir konsequent einfache Themen und Herstellungsverfahren angewendet, die zügiges Arbeiten ermöglichen und den Zeitumfang der

Kalenderherstellung im Rahmen halten. Die schnellsten Themen sind zusätzlich im Inhaltsverzeichnis mit einem „S" markiert, um die Zeitplanung zu erleichtern.

Die mitgelieferten Beispiele sollten dabei weniger als Vorlagen, denn als Vorschläge gesehen werden. Auch wie weit die Arbeitsanleitungen beachtet werden, liegt im Ermessen des Lehrers: Sie können als exakte Vorlage dienen, etwa als Schnitt- oder Pausvorlage, oder aber als offener, möglicherweise nicht einmal thematisch gebundener Rezeptvorschlag, bei dem ein Gedicht oder Motiv auch durch ein anderes, ersetzt werden darf.
Auch die vorgeschlagenen Kalenderblattvorlagen lassen sich durch fertige Vordrucke ersetzen, die überall im Buch- und Papierhandel erhältlich sind.

B. Jaglarz und G. Bemmerlein

Titelblätter

RUND UMS JAHR

Kalender

Rund ums Jahr

_____

Kalender

RUND UMS JAHR

KALENDER

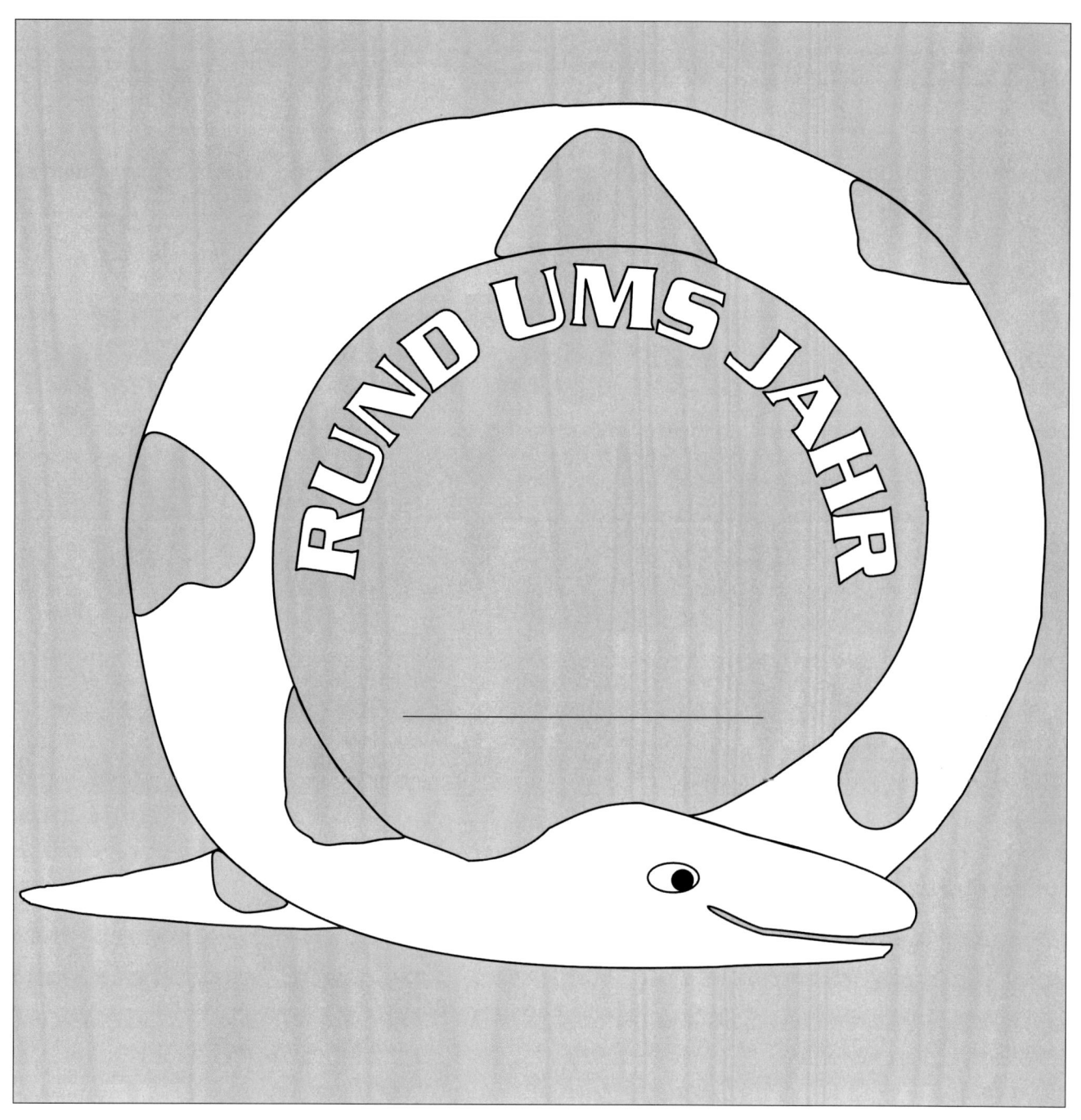

Kalender

Kalendarium

Januar

1	2	3	4	5	6	7	8	9	10
11	12	13	14	15	16	17	18	19	20
21	22	23	24	25	26	27	28	29	30
31									

Februar

1	2	3	4	5	6	7	8	9	10
11	12	13	14	15	16	17	18	19	20
21	22	23	24	25	26	27	28	29	

März

1	2	3	4	5	6	7	8	9	10
11	12	13	14	15	16	17	18	19	20
21	22	23	24	25	26	27	28	29	30
31									

April

1	2	3	4	5	6	7	8	9	10
11	12	13	14	15	16	17	18	19	20
21	22	23	24	25	26	27	28	29	30

Mai

1	2	3	4	5	6	7	8	9	10
11	12	13	14	15	16	17	18	19	20
21	22	23	24	25	26	27	28	29	30
31									

Juni

1	2	3	4	5	6	7	8	9	10
11	12	13	14	15	16	17	18	19	20
21	22	23	24	25	26	27	28	29	30

Juli

1	2	3	4	5	6	7	8	9	10
11	12	13	14	15	16	17	18	19	20
21	22	23	24	25	26	27	28	29	30
31									

August

1	2	3	4	5	6	7	8	9	10
11	12	13	14	15	16	17	18	19	20
21	22	23	24	25	26	27	28	29	30
31									

September

1	2	3	4	5	6	7	8	9	10
11	12	13	14	15	16	17	18	19	20
21	22	23	24	25	26	27	28	29	30

Oktober

1	2	3	4	5	6	7	8	9	10
11	12	13	14	15	16	17	18	19	20
21	22	23	24	25	26	27	28	29	30
31									

November

1	2	3	4	5	6	7	8	9	10
11	12	13	14	15	16	17	18	19	20
21	22	23	24	25	26	27	28	29	30

Dezember

1	2	3	4	5	6	7	8	9	10
11	12	13	14	15	16	17	18	19	20
21	22	23	24	25	26	27	28	29	30
31									

Monatsblätter

Januar

Glückskleeblatt aus Moosgummi

Material: grüner Moosgummi, ein Eurostück, schwarzer Stift, Schere, Klebstoff, Bleistift, Tonpapier (16 × 16 cm)

Arbeitsanweisung: Zeichne mit Bleistift auf den Moosgummi das Kleeblatt und schneide es aus. Klebe in die Mitte das Eurostück. Zeichne die schwarzen Linien ein. Klebe den Moosgummi auf das Tonpapier und dieses auf das Kalenderblatt.

Januar

„Happy New Year" als bunter Schriftzug

Material: Lineal, Bleistift, Klebstoff, Filzstifte, weißes Zeichenpapier (16 × 16 cm)

Arbeitsanweisung: Zeichne der Vorlage entsprechend Buchstabenfelder und Buchstaben.
Male sorgfältig jedes Buchstabenfeld und jeden Buchstaben aus.
Klebe zuletzt das Zeichenpapier auf das Kalenderblatt.

Alternative: Positiv-Negativ (schwarzer Stift)

Januar

Eisbär aus Watte

Material: weiße Tapete, Watte, schwarzer Stift, Bleistift, Schere, Klebstoff,
blaues Tonpapier (16 × 16 cm)

Arbeitsanweisung: Schneide aus der Tapete einen Eisberg und sechs runde Eisschollen.
Klebe sie auf das blaue Tonpapier.
Schneide einen Eisbären aus, beklebe ihn dünn mit Watte und male mit dem schwarzen
Stift Gesicht und Krallen.
Klebe zuletzt das Tonpapier auf das Kalenderblatt.

Januar

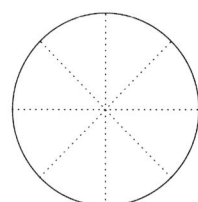

Schneeflocken-Scherenschnitte

Material: weißes Papier, Schere, Klebstoff, Bleistift, blaues Tonpapier (16 × 16 cm), Locher

Arbeitsanweisung: Schneide aus dem weißen Papier 3 Kreise mit einem Durchmesser von 7 cm aus. Falte jeden Kreis mehrmals übereinander zur Mitte. Schneide verschiedene Muster hinein. Falte die Kreise auseinander und klebe sie auf das blaue Tonpapier. Die weißen Punkte machst du mit einem Locher und klebst sie auf.
Klebe zuletzt das Tonpapier auf das Kalenderblatt.

Falte so: 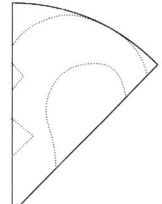   Schneide so (Beispiele):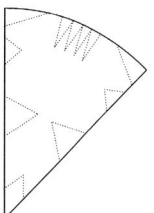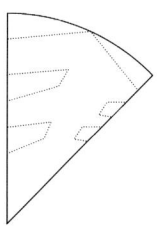

Februar

Weidenkätzchen-Fingerdruck

Material: Wasserfarben, Deckweiß, Klebstoff, grünes Tonpapier (16 × 16 cm)

Arbeitsanweisung: Male mit schwarzer Farbe drei Stiele. Wenn die schwarze Farbe trocken ist, verteile mit Deckweiß „Weidenkätzchen" mit der Fingerspitze.
Klebe anschließend das Tonpapier auf das Kalenderblatt.

Februar

Clown aus Tonpapier

Material: Tonpapier (schwarz, gelb, rot, blau, grün), zwei Wackelaugen, Locher, Bleistift, Schere, Klebstoff, farbiges Tonpapier (16 × 16 cm)

Arbeitsanweisung: Zeichne auf die Tonpapierstücke die Einzelteile des Clowns und schneide sie aus.
Klebe die Teile auf das farbige Tonpapier, sodass ein bunter Clown entsteht.
Loche mit dem Locher aus Resten des bunten Tonpapiers Konfetti und klebe es auf das Bild.
Klebe zuletzt das fertige Bild auf das Kalenderblatt.

Februar

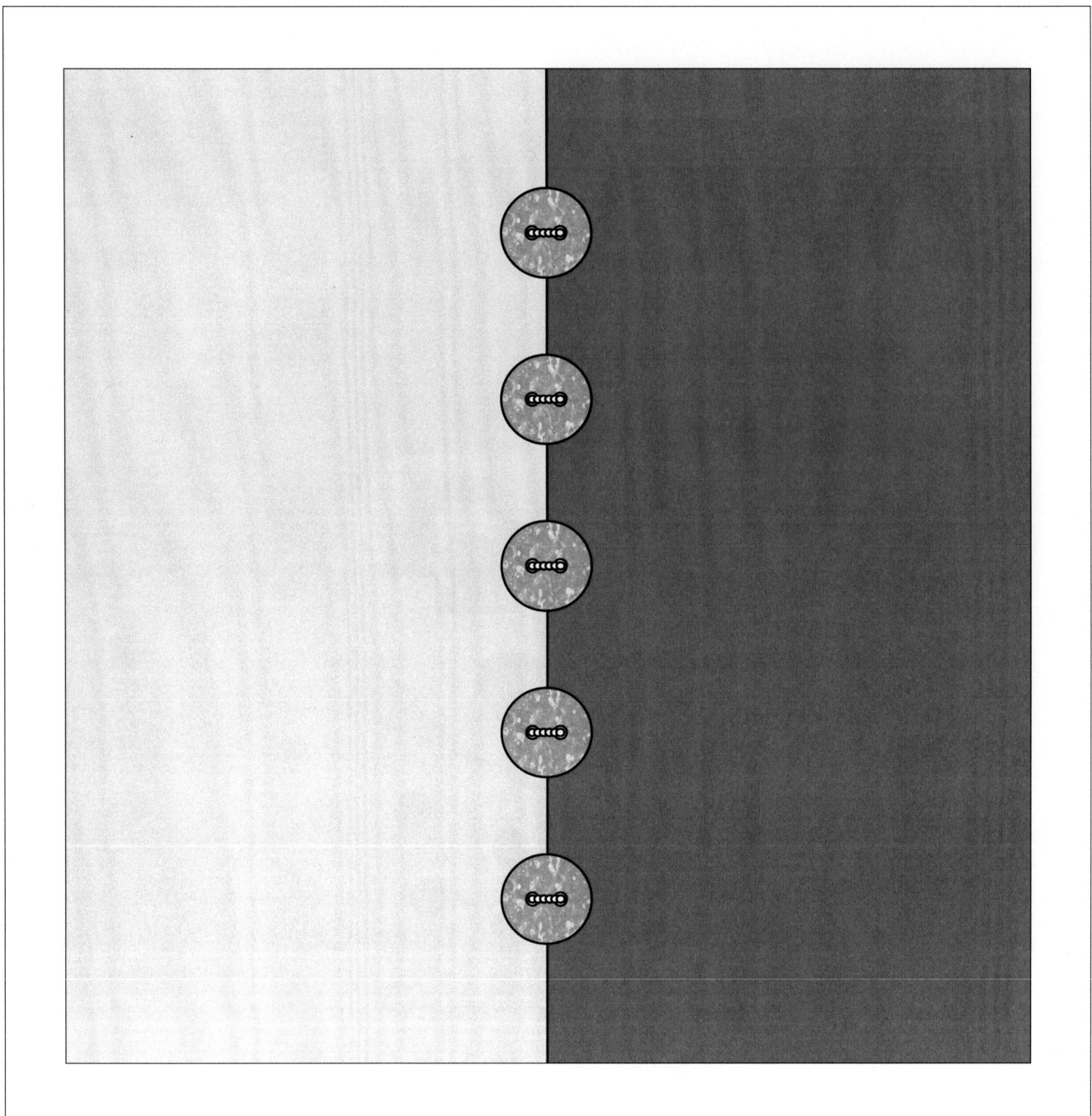

Zugeknöpftes Tonpapier

Material: Tonpapier in zwei verschiedenen Farben (je 8 × 16 cm), Schere, Klebstoff, 5 Knöpfe,
Nähgarn, Nadel, weißes Zeichenpapier (16 × 16 cm)

Arbeitsanweisung: Klebe die beiden sauber geschnittenen Papiere mittig aneinander auf das Zeichenpapier.
Verteile auf der Mittelachse die 5 Knöpfe und nähe sie fest.
Klebe zuletzt das fertige Bild auf das Kalenderblatt.

Februar

Schneeglöckchen aus Filz

Material: Bastelfilz (dunkelgrün, weiß), Bleistift, Schere, Klebstoff, Watte, Tonpapier (16 × 16 cm)

Arbeitsanweisung: Schneide weiße Blüten und grüne Stiele und Blätter aus dem Filz und klebe daraus die Schneeglöckchen zusammen. Klebe die Blumen auf das Tonpapier.
Klebe ebenfalls kleine Wattekügelchen als Schneeflöckchen auf den Karton.
Klebe zuletzt das Bild auf das Kalenderblatt.

Januar

Glückskleeblatt aus Moosgummi

„Happy New Year" als bunter Schriftzug

Eisbär aus Watte

Schneeflocken-Scherenschnitte

Februar

Weidenkätzchen-Fingerdruck

Clown aus Tonpapier

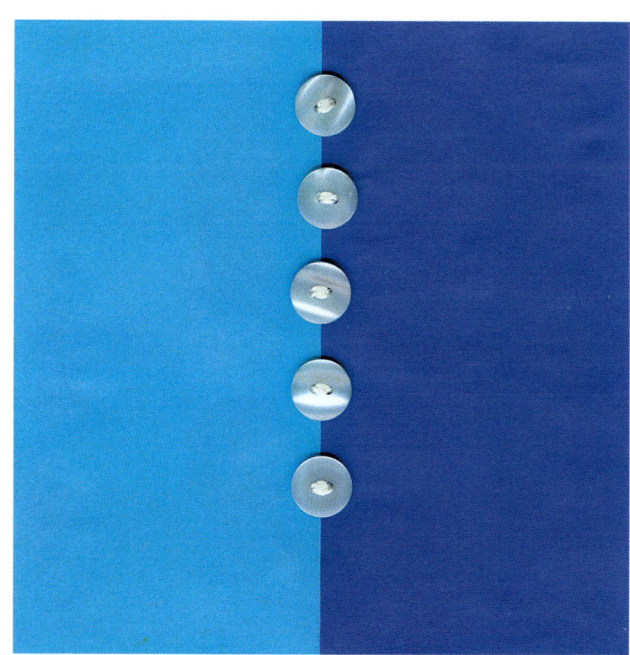

Zugeknöpftes Tonpapier

Schneeglöckchen aus Filz

März

Blühende Forsythien pusten und drucken

Ein Hahn aus Filz

Osterei aus Glanzpapier

Yin-Yang-Symbol konstruieren

April

Aprilwetter-Smileys aus Tonpapier

Der Wasserfarben-Regenbogen

Alle Vögel sind schon da – aus Tonpapier und Federn

Primeln aus Knöpfen

Mai

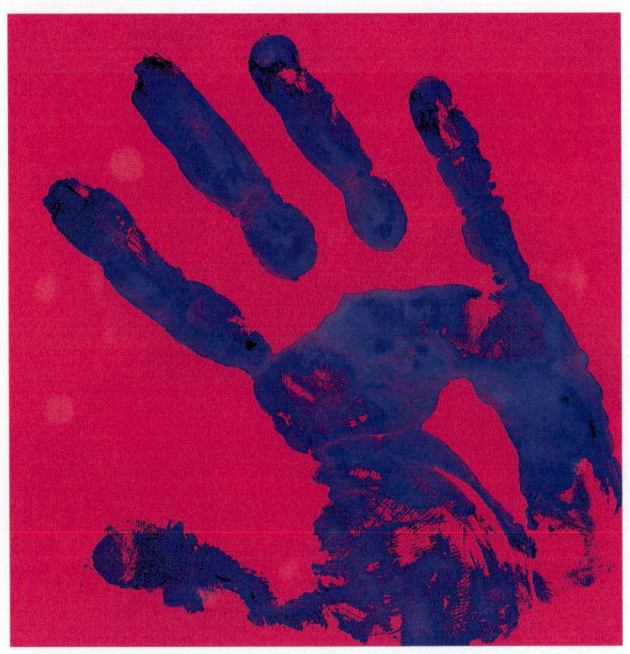

Handabdruck mit Wasserfarben

Tulpenbeet aus Transparentpapier

Marienkäfer aus Wachs

Muttertagsherz aus Bastelkarton

Juni

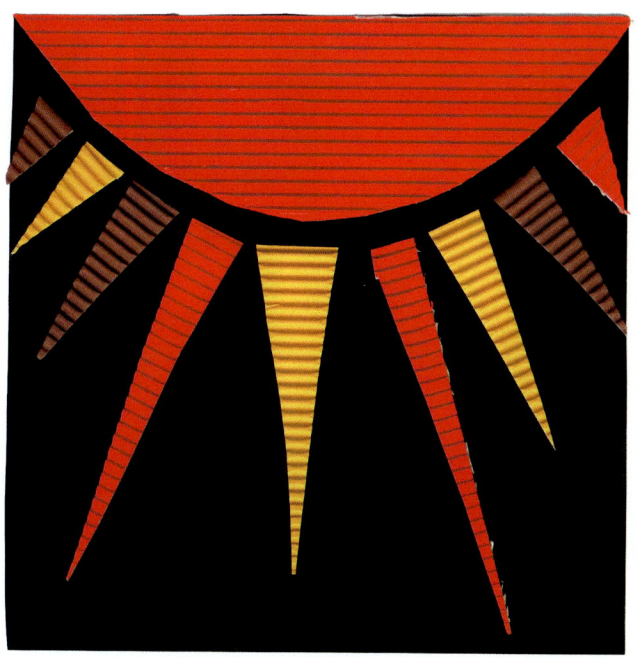

Rote Sonne aus Wellpappe

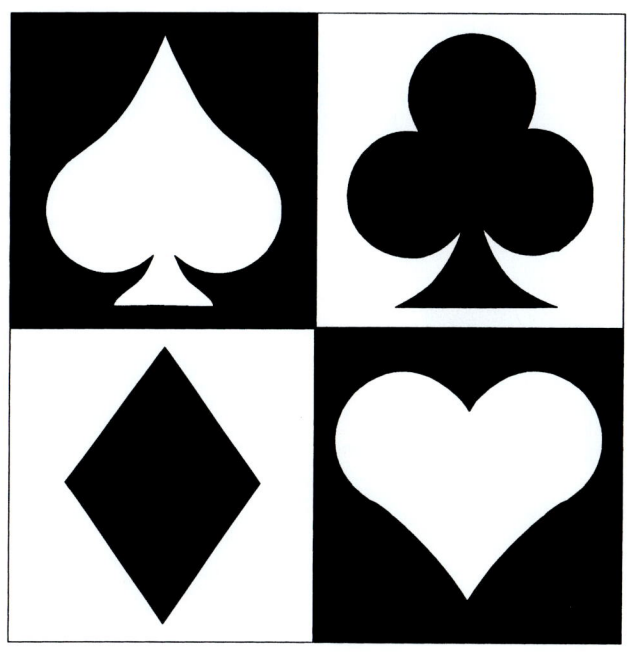

Kartensymbole konstruieren

Schmetterlinge aus Regenbogenkarton und Alufolie

Wäscheleine aus Stoffresten

Juli

Sonnenstrahlen aus Wolle

Bilderordnung in sonnigen Farben

Unterwasserlandschaft aus Moosgummi

Eisbecher als Reißcollage

August

Sommerregatta aus Wellpappe

Schattenspiel der Nordseefische

Farbige Fingerkrabben beim
Strandaerobic

Sonnenuntergang aus Glanzpapier

September

Herbstbaum aus Tapetenresten

Drachen aus Jute

Apfel aus Moosgummi

Saftige Weintrauben mit Korkendruck und Spritztechnik

Oktober

Geisterstunde aus Tonpapier

Fliegenpilz aus Tonpapier

Igel drucken

Kürbis aus Filz

November

Herbstblätter in Spritztechnik

„Die Vogelscheuche" von Morgenstern illustrieren

Baum vor einen Sonnenuntergang pusten

Raupe aus buntem Tonpapier

Dezember

Weihnachtsbaum mit Knöpfen

Weihnachtsbaumkugel aus Wollresten

Neujahrsuhr aus Glanzpapier

Schneemann bei Nacht aus Tapetenresten

März

Blühende Forsythien pusten und drucken

Material: Wasserfarben (Deckweiß, gelb, schwarz), dicker Pinsel, Strohhalm, Klebstoff,
weißes Papier (16 × 16 cm)

Arbeitsanweisung: Tropfe schwarze Wasserfarbe mit einem dicken Pinsel auf das Papier. Verblase die Farbe
mit einem Strohhalm in verschiedene Richtungen. Lass das Bild trocknen. Verteile dann
mit den Fingerspitzen gelbe Farbtupfen (Blüten) auf dem Papier.
Klebe nach dem Trocknen das Bild auf das Kalenderblatt.

März

Ein Hahn aus Filz

Material: Filzreste, Bleistift, Schere, Klebstoff, ein Wackelauge, Tonpapier (16 × 16 cm)

Arbeitsanweisung: Schneide die Teile des Hahns passend aus den Filzresten zu. Klebe den Hahn aus diesen Teilen auf das Tonpapier und zuletzt dieses auf das Kalenderblatt.

März

Osterei aus Glanzpapier

Material: Glanzpapier, Bleistift, Klebstoff, weißes Tonpapier (16 × 16 cm)

Arbeitsanweisung: Zeichne mit dem Bleistift auf das Tonpapier die Umrisse von Wiese, Ei und Schleife.
Reiße das Glanzpapier in kleine Stückchen und beklebe die Umrisse auf dem Tonpapier.
Klebe nach dem Trocknen das Bild auf das Kalenderblatt.

März

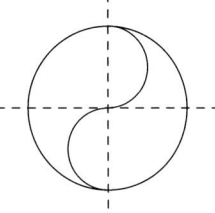 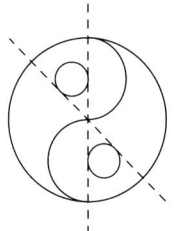

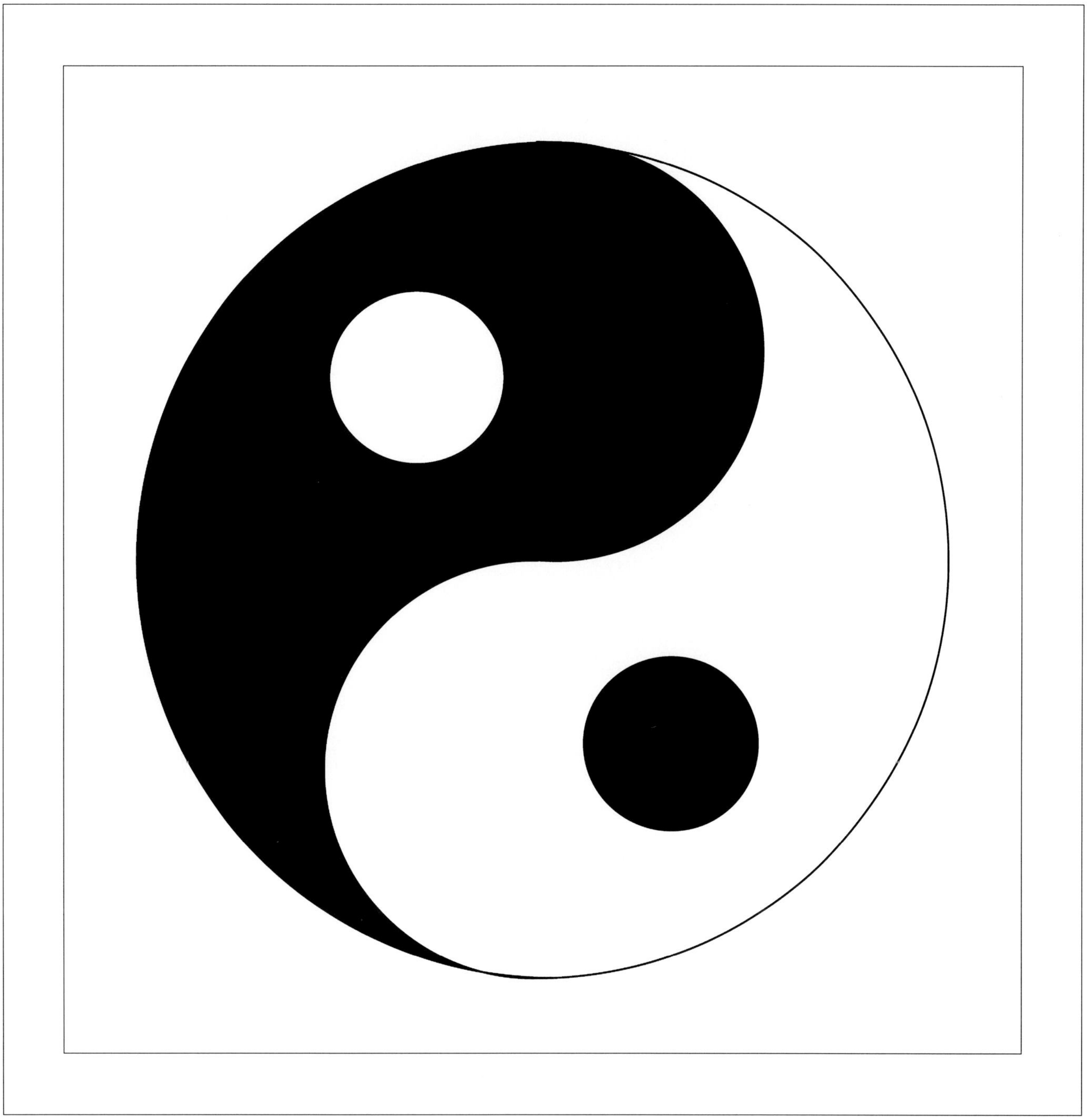

Yin-Yang-Symbol konstruieren

Material: Zirkel, schwarzer Stift zum Ausmalen, Schere, Klebstoff, weißes Ton- oder Zeichenpapier (16 × 16 cm)

Arbeitsanweisung: Zeichne auf den Karton einen Kreis von 15 cm Durchmesser. Das abgebildete Muster entsteht, wenn du mit dem Zirkel ein S aus zwei Halbkreisen mit dem halben Durchmesser zeichnest. Zeichne anschließend symmetrisch auf einer Diagonallinie mit dem Zirkel die zwei kleinen Kreise. Male zuletzt mit dem schwarzen Filzstift beide Seiten entgegengesetzt aus (positiv-negativ).

Konstruktionszeichnung
Schritt 1:

Konstruktionszeichnung
Schritt 2:

April

Aprilwetter-Smileys aus Tonpapier

Material: Klebstoff, schwarzer Stift, Schere, Zirkel, gelbes Tonpapier, ein Centstück,
4 Stücke Tonpapier (je 8 × 8 cm)

Arbeitsanweisung: Zeichne auf gelbem Tonpapier vier Kreise von je 3 cm Radius und schneide diese aus.
Zeichne mit dem schwarzen Stift die Gesichter in die Kreise. Nimm für die Augen das
Centstück. Klebe die Smileys in die Mitte der vier sorgfältig ausgeschnittenen Felder von
8 × 8 cm.
Klebe dann die vier Felder auf das Kalenderblatt.

Der Regenbogen

Ein Regenbogen, komm und schau!

Rot und orange, gelb, grün und blau!

So herrliche Farben kann keiner bezahlen,

sie über den halben Himmel zu malen.

Ihn malte die Sonne mit goldener Hand

auf eine wandernde Regenwand.

Josef Guggenmos

Der Wasserfarben-Regenbogen

Material: Wasserfarben, Pinsel, schwarzer Stift, Klebstoff, weißes Zeichenpapier (16 × 16 cm)

Arbeitsanweisung: Male einen Regenbogen auf das weiße Papier (von oben: rot, orange, gelb, grün, blau, violett) und schreibe in deiner „Sonntagsschrift" das Gedicht von Josef Guggenmos hinein. Klebe dann das fertige Bild auf das Kalenderblatt.

Josef Guggenmos, Der Regenbogen
aus: Guggenmos, Was denkt die Maus am Donnerstag?
    1998 Beltz & Gelberg in der Verlagsgruppe Beltz, Weinheim & Basel

April

Alle Vögel sind schon da – aus Tonpapier und Federn

Material: Tonpapier (weiß und rot), zwei bunte Federn, Bleistift, Schere, Klebstoff, schwarzer Stift, zwei Wackelaugen (7 mm), Tonpapier (16 × 16 cm)

Arbeitsanweisung: Zeichne die Vögel auf das weiße Tonpapier und schneide sie mit der Schere aus. Klebe die bunten Federn auf und male die Augen. Schneide die roten Herzen aus. Klebe alles auf das quadratische Tonpapier und dann auf das Kalenderblatt.

April

Primeln aus Knöpfen

Material: 28 kleine bunte Knöpfe, grüner Filz, Klebstoff, Bleistift, Schere, Filz oder
Tonpapier (16 × 16 cm)

Arbeitsanweisung: Schneide vier Stiele und viele Blätter aus grünem Filz und klebe sie auf den Hintergrund.
Klebe dann die Blüten aus je sieben Knöpfen gleicher Größe.
Klebe zuletzt das fertige Bild auf das Kalenderblatt.

Mai

Handabdruck mit Wasserfarben

Material: Klebstoff, Wasserfarbe, Pinsel, Tonpapier (16 × 16 cm)

Arbeitsanweisung: Bemale deine Handinnenfläche mit Wasserfarbe und drücke sie auf das Papier.
Entferne vorsichtig deine Hand vom Blatt und lasse das Tonpapier trocknen.
Klebe das Tonpapier dann auf das Kalenderblatt.

Mai

Tulpenbeet aus Transparentpapier

Material: Transparentpapier, Bleistift, Schere, Klebstoff, Tonpapier (16 × 16 cm)

Arbeitsanweisung: Zeichne auf buntem Transparentpapier Tulpenblüten, Stiele und Blätter und schneide sie aus. Klebe daraus auf das Tonpapier ein dichtes Tulpenbeet. Die Elemente sollen sich überlappen, sodass interessante Farbüberschneidungen entstehen.
Klebe zuletzt das Bild auf das Kalenderblatt.

Mai

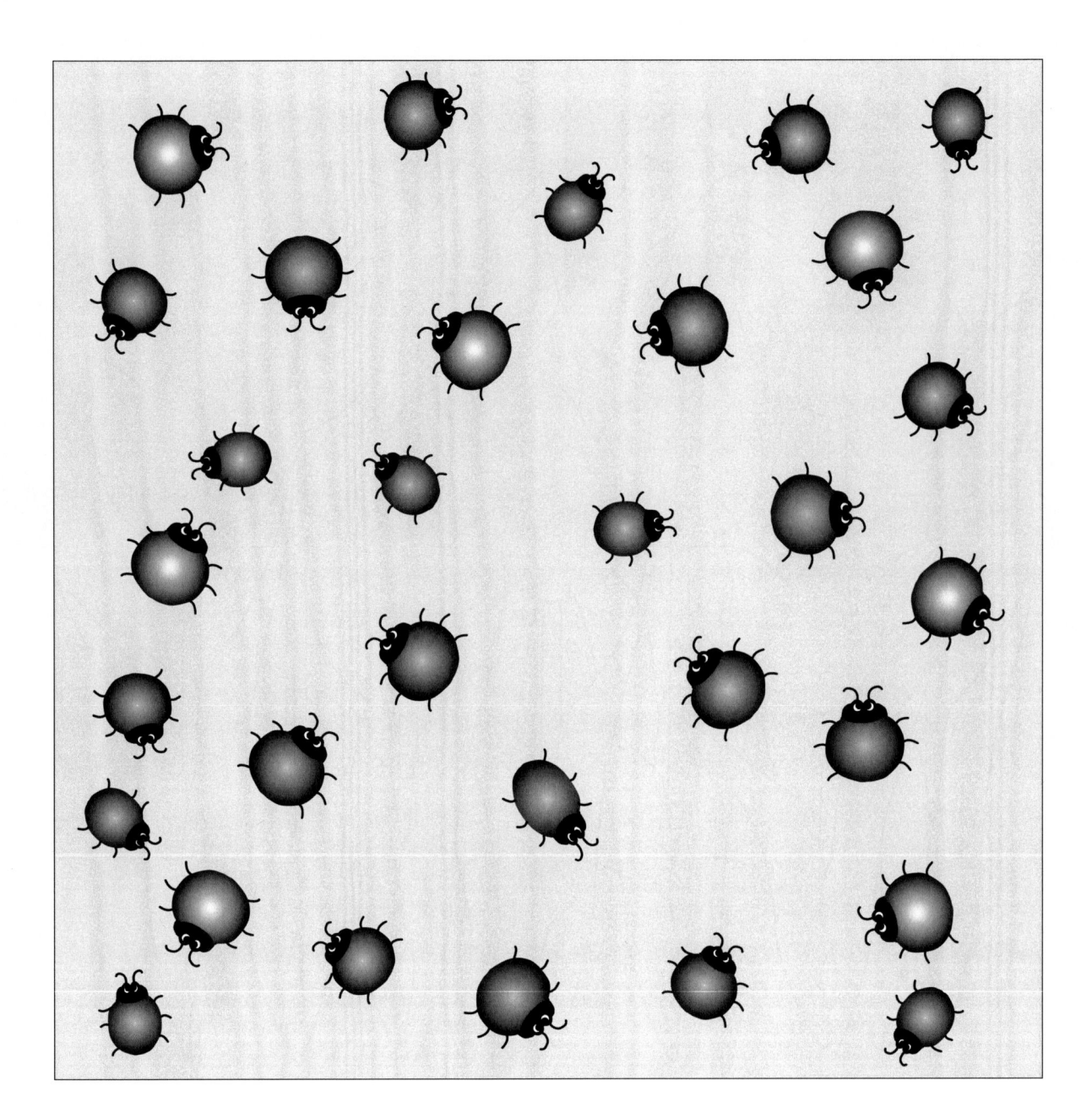

Marienkäfer aus Wachs

Material: Feuerzeug, rote Kerze, schwarzer Stift, Klebstoff, Tonpapier (16 × 16 cm)

Arbeitsanweisung: Zünde die Kerze an, warte bis das Stearin (Wachs) flüssig wird und lasse es vorsichtig auf das Tonpapier tropfen. Mache nur kleine Tropfen, sonst entstehen zu große, unregelmäßige Kleckse, die sich als Käfer nicht eignen. Warte, bis die Tropfen erkaltet sind. Zeichne mit dem schwarzen Stift Pünktchen, Füßchen, Köpfchen und Fühler.
Achte darauf, dass nicht alle Käfer in die gleiche Richtung marschieren.
Klebe zuletzt das Bild auf das Kalenderblatt.

Mai

Muttertagsherz aus Bastelkarton

Material: Klebstoff, Schere, Nagelscherchen, evtl. scharfes Messer, Bleistift, rotes Tonpapier, Transparentpapier (z. B. weiß, gelb), schwarzes Tonpapier (16 × 16 cm)

Arbeitsanweisung: Zeichne ein großes und ein kleines Herz auf das rote Tonpapier. Schneide das große Herz mit der großen Schere, das kleine mit der Nagelschere sorgfältig aus. Verwende das kleine Herz als Schablone, um in der Mitte des großen Herzens ein Kreuz aus vier Herzchen anzuzeichnen. Schneide die vier Herzchen vorsichtig mit der Nagelschere oder mit einem scharfen Messer aus dem großen aus. Klebe passende Transparentpapierstückchen von hinten auf das rote Herz. Stelle mit dem kleinen Herz als Schablone vier gleiche Herzchen für die Ecken her und klebe sie auf. Klebe dann das große Herz in die Mitte des schwarzen Tonpapiers und dieses auf das Kalenderblatt.

Juni

Rote Sonne aus Wellpappe

Material: Schere, Klebstoff, Bleistift, Lineal, Wellpappe (gelb, rot, orange), schwarzes Tonpapier (16 × 16 cm)

Arbeitsanweisung: Zeichne mit dem Zirkel auf der roten Wellpappe einen Halbkreis von 8 cm Radius und mit Bleistift und Lineal verschiedenfarbige spitze Dreiecke als Sonnenstrahlen. Schneide die Teile aus und klebe die rote Halbkreissonne an die Oberkante des schwarzen Tonpapiers. Verteile dann die Strahlen halbkreisförmig unter der Sonne und klebe sie fest.
Klebe zuletzt das Bild auf das Kalenderblatt.

Juni

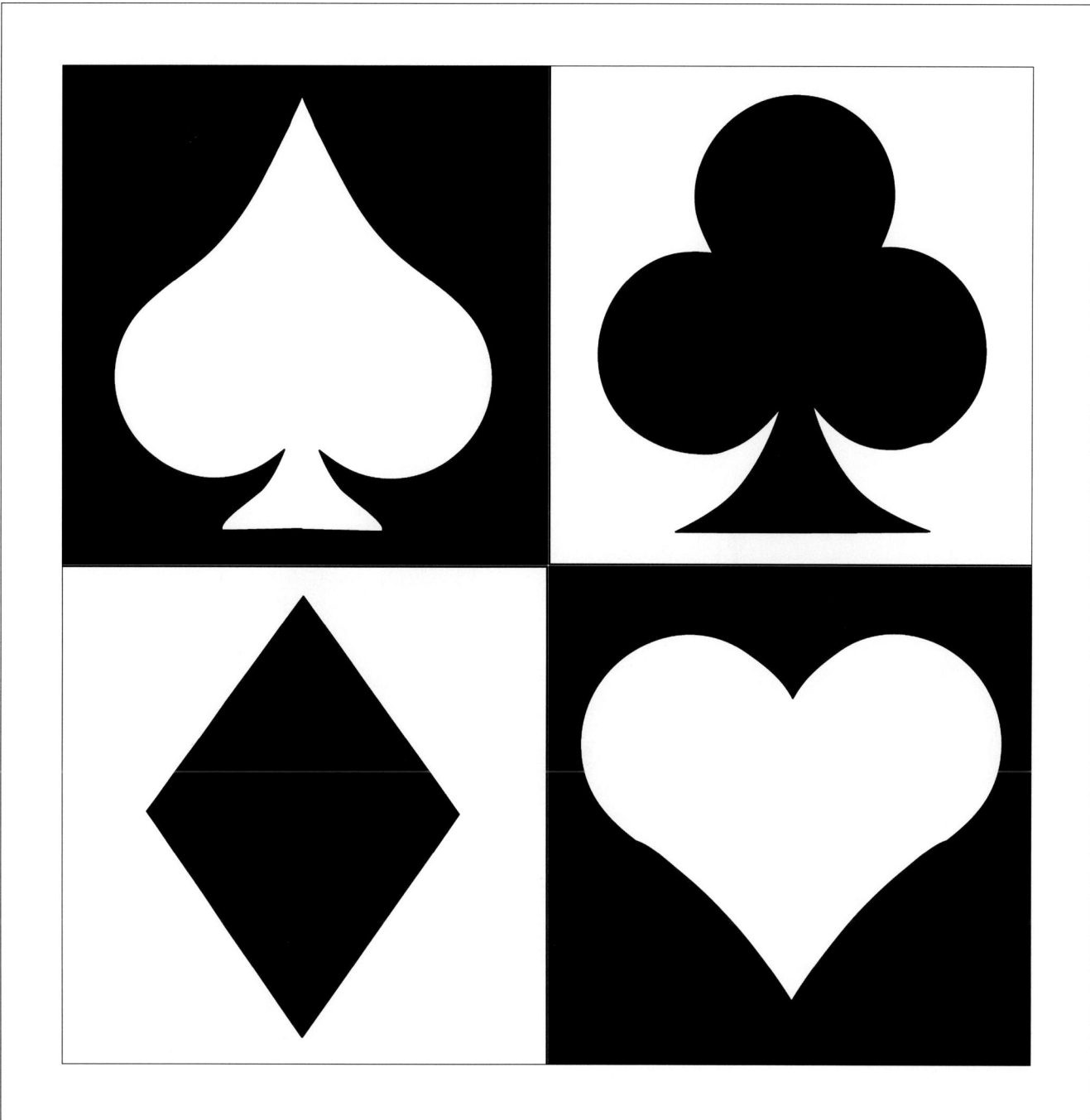

Kartensymbole konstruieren

Material: Klebstoff, schwarzer Stift, Bleistift, Lineal, weißes Tonpapier (16 × 16 cm)

Arbeitsanweisung: Lege mit Lineal und Bleistift auf dem Tonpapier vier gleiche Felder (8 × 8 cm) an.
Zeichne in die Felder zentriert je eines der Spielkartensymbole ein. Male je zwei Symbole
und zwei Felder über Kreuz mit dem Filzstift schwarz aus, sodass ein Positiv-Negativ-Effekt
entsteht.
Klebe zuletzt das Bild auf das Kalenderblatt.

Juni

Schmetterlinge aus Regenbogenkarton und Alufolie

Material:　　　　　Alufolie, schwarzer Stift, Regenbogenkarton, Schere, Klebstoff, Bleistift,
　　　　　　　　　　　Tonpapier (16 × 16 cm)

Arbeitsanweisung:　Zeichne auf den Regenbogenkarton zwei Schmetterlinge in passender Größe für die
　　　　　　　　　　　Fläche von 16 × 16 cm. Schneide die Schmetterlinge aus. Rolle aus Alufolie kleine
　　　　　　　　　　　Kügelchen und Stifte und drücke sie anschließend flach. Klebe die Aluverzierungen auf
　　　　　　　　　　　die Schmetterlinge und diese auf das Tonpapier. Zeichne dann den Schmetterlingen
　　　　　　　　　　　Fühler.
　　　　　　　　　　　Klebe zuletzt das Tonpapier mit den Schmetterlingen auf das Kalenderblatt.

Juni

Wäscheleine aus Stoffresten

Material: Stoffreste, zwei Grillspießchen je 13 cm Länge, Tonpapier (grün, hellblau), dünner Faden ca. 16 cm Länge, Filzstift, Schere, Klebstoff, gelbes Tonpapier (16 × 16 cm)

Arbeitsanweisung: Befestige den Faden an je einem Ende der beiden Grillspieße. Zeichne auf die doppelt umgelegten Stoffreste Pulli, Hose und Decke und schneide sie aus. Lege die doppelten Ausschnitte von Pulli, Hose und Decke um den Faden und klebe sie zusammen. Klebe jetzt die komplette Wäscheleine mit der Wäsche auf das gelbe Tonpapier. Überklebe die Grillspieße unten mit Rasen aus dem grünen Tonpapier. Aus hellblauem Tonpapier schneide Wolken und klebe sie auf.
Klebe zuletzt das fertige Bild auf das Kalenderblatt.

Juli

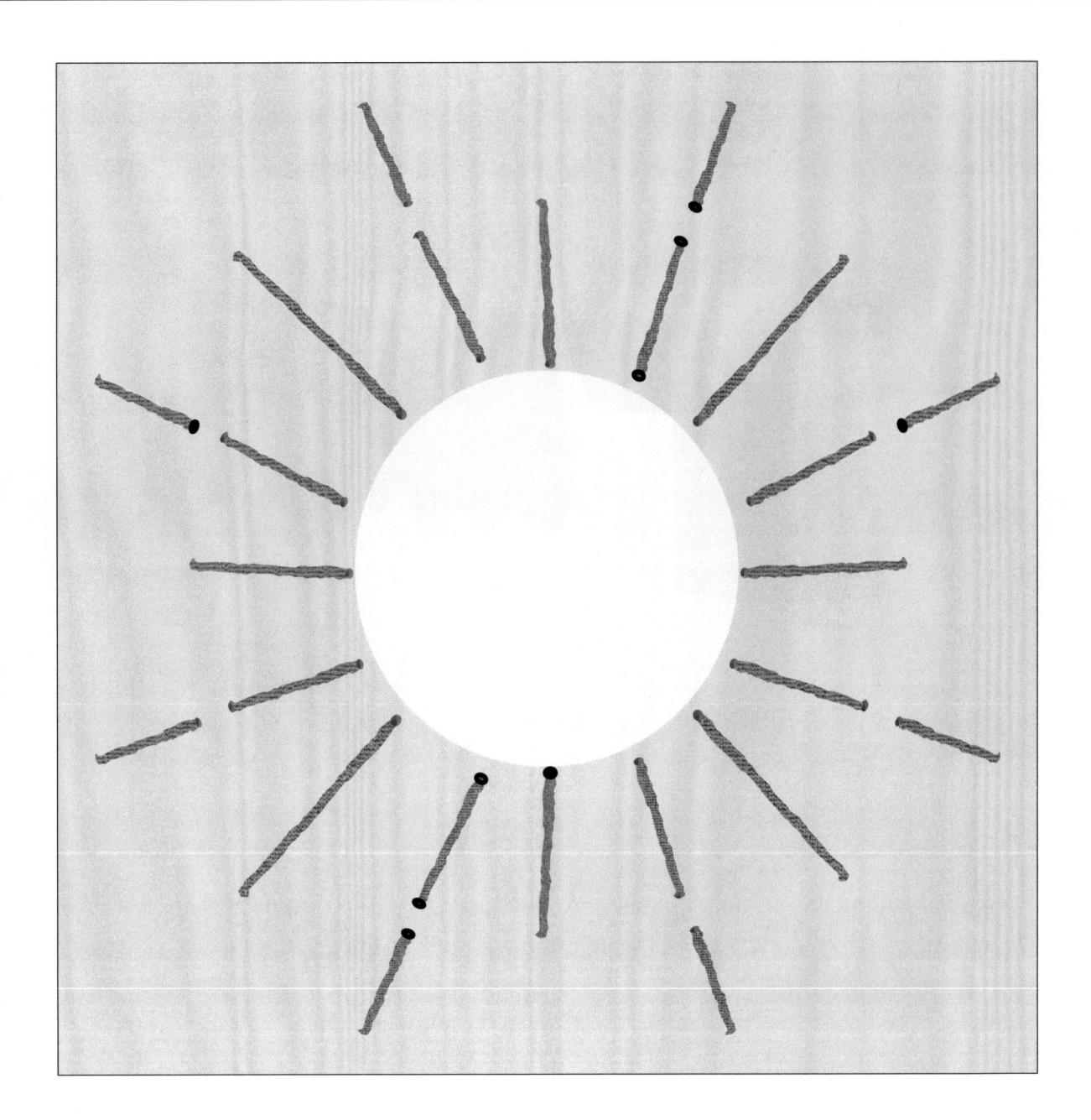

Sonnenstrahlen aus Wolle

Material: Bleistift, Klebstoff, gelbes Tonpapier, gelbe Wolle, dicke Nähnadel, hellblaues Tonpapier (16 × 16 cm)

Arbeitsanweisung: Zeichne mit dem Zirkel einen Kreis mit 3 cm Radius auf das gelbe Tonpapier und schneide ihn aus. Zeichne mit dem Bleistift auf dem hellblauen Tonpapier die Punkte an, wo du die gelbe Wolle mit der Nadel durch das Tonpapier ziehst. Nähe dann an den Punkten die Sonnenstrahlen auf das Tonpapier, sodass die Strahlen auf der Rückseite des Tonpapiers enden. Schneide die Wolle ab und klebe die Enden der Wollfäden auf der Rückseite fest.
Klebe dann das fertige Bild auf das Kalenderblatt.

Juli

Bilderordnung in sonnigen Farben

Material: Lineal, Bleistift, Klebstoff, Tonpapier in verschiedenen Farben, vier Stücke Tonpapier (je 8 × 8 cm)

Arbeitsanweisung: Zeichne mit Lineal und Bleistift sehr sorgfältig die vier Tonpapiere. Schneide Dreiecke und Quadrate aus buntem Tonpapier und klebe sie wie abgebildet in die vier Quadrate. Klebe die vier fertigen Quadrate mittig in das Kalenderblatt, sodass eine Quadratfläche von 16 × 16 cm entsteht.

Juli

Unterwasserlandschaft aus Moosgummi

Material: Moosgummi, schwarzer Stift, Bleistift, Schere, Klebstoff, Locher, dunkelblaues Tonpapier (16 × 16 cm)

Arbeitsanweisung: Zeichne und schneide die Fische und Streifen aus. Klebe die Streifen auf die Fische. Schneide Wasserpflanzen aus. Die hellblauen Blasen stichst du am leichtesten mit einem Locher aus. Klebe Fische, Wasserpflanzen und Luftblasen auf das blaue Tonpapier und dieses auf das Kalenderblatt.

Juli

Eisbecher als Reißcollage

Material: Glanzpapier, Schere, Klebstoff, Bleistift, weißes Papier (16 × 16 cm)

Arbeitsanweisung: Zeichne auf das weiße Papier einen Eisbecher mit Eisbällchen, Waffel und Löffel vor.
Beklebe die einzelnen Elemente der Zeichnung mit gerissenen Glanzpapierstückchen.
Achte auf passende Farben der Eisbällchen (z. B. Schoko-, Vanille-, Erdbeereis).
Beklebe nun auch den weiß gebliebenen Hintergrund.
Klebe das Bild zuletzt mittig auf das Kalenderblatt.

August

Sommerregatta aus Wellpappe

Material: Bleistift, Schere, Klebstoff, Wellpappe, Tonpapier blau (16 × 16 cm)

Arbeitsanweisung: Zeichne mit dem Bleistift die Teile des Bootes auf den verschiedenfarbigen Wellpappe-
stücken an, ebenso die Wolken und die Sonne. Schneide alle Teile aus und klebe das
Boot, die Wolken und die Sonne auf das Tonpapier.
Klebe zuletzt das fertige Bild mittig auf das Kalenderblatt.

August

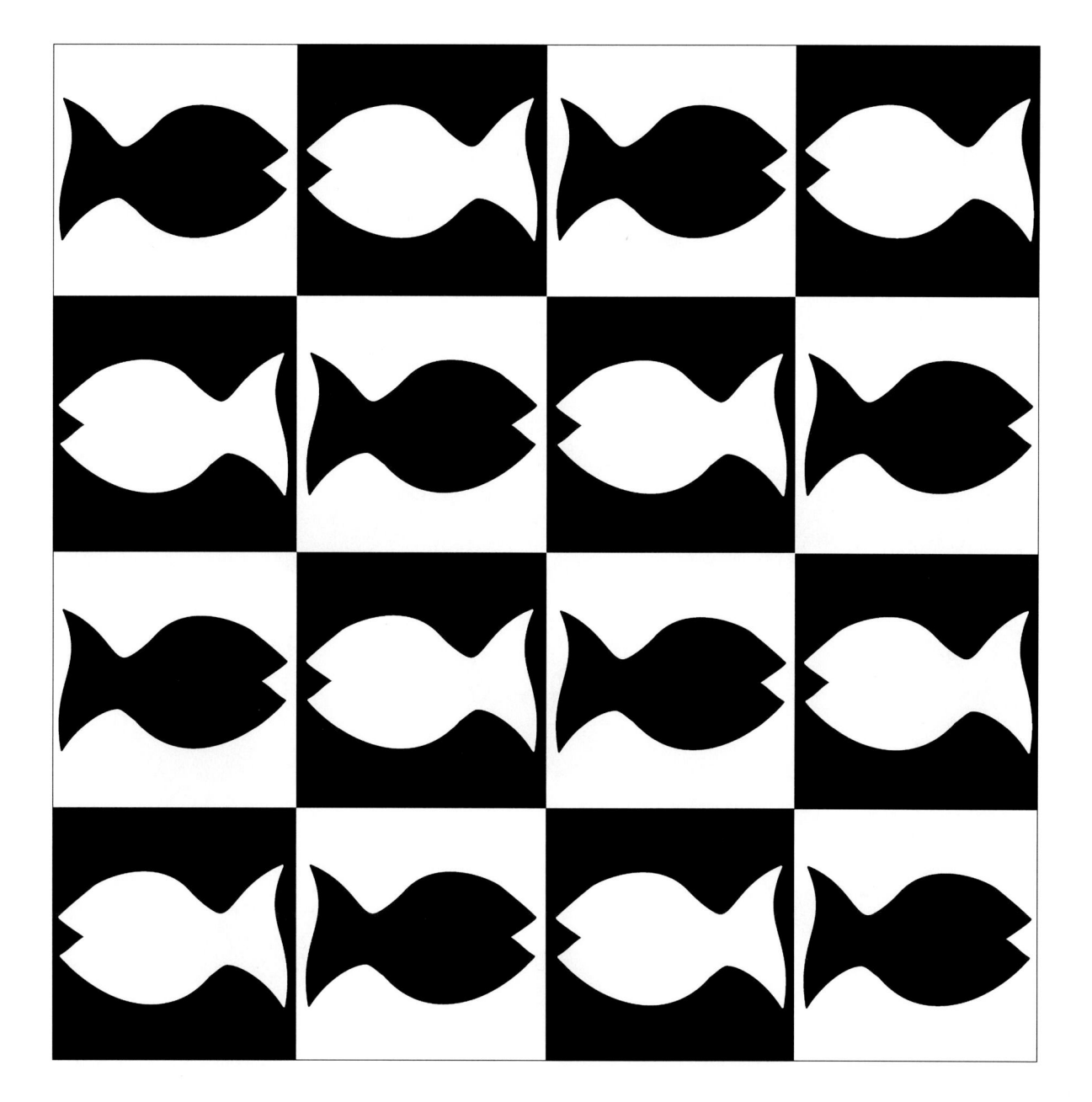

Schattenspiel der Nordseefische

Material: Karton für Schablone (4 × 4 cm), Stift, scharfes Messer, Klebstoff, weißes Ton- oder Zeichenpapier (16 × 16 cm)

Arbeitsanweisung: Lege auf den weißen Karton ein Quadratgitter von 4 × 4 = 16 Quadraten von je 4 × 4 cm an. Zeichne einen Fisch in dem Schablonenquadrat (4 × 4 cm) ab und schneide ihn mit dem Messer möglichst genau aus, ohne den Außenrand der Schablone und den Fisch zu beschädigen. Male im Wechsel, wie auf der Vorlage dargestellt, entweder das Schablonenquadrat oder um den mittig abgelegten Fisch das jeweilige Quadratgitter aus. Klebe zuletzt das Bild auf das Kalenderblatt.

August

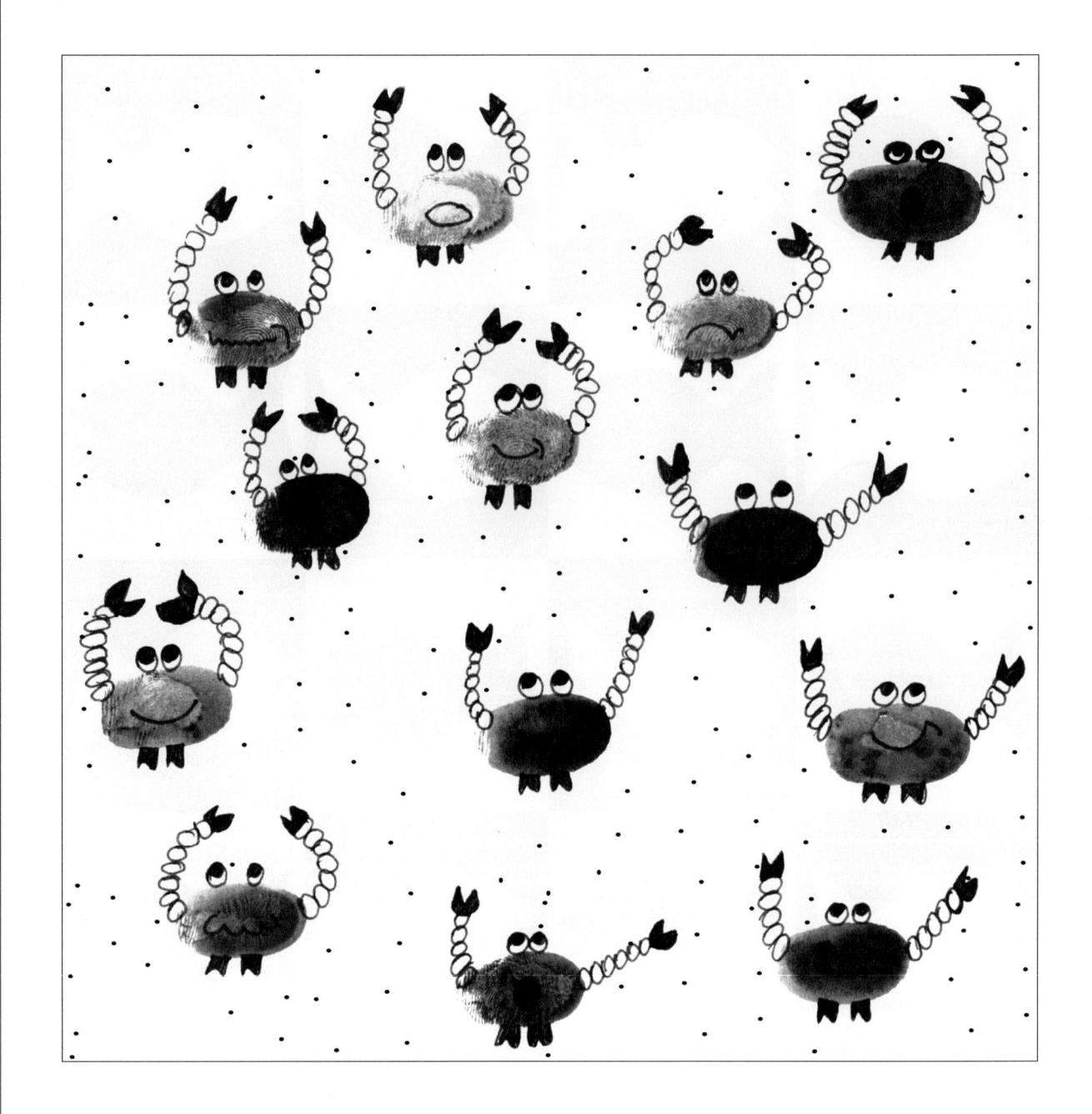

Farbige Fingerkrabben beim Strandaerobic

Material: Schere, Klebstoff, schwarzer Stift, Wasserfarben, gelbes Tonpapier (16 × 16 cm)

Arbeitsanweisung: Verteile auf das Tonpapier mit Hilfe der Wasserfarben bunte Fingerabdrücke. Zeichne mit dem schwarzen Stift zu den Fingerabdrücken Augen, Mund und Scheren, sodass lustige Krabben entstehen. Verteile mit dem schwarzen Stift noch Pünktchen als Sandkörnchen. Klebe zuletzt das fertige Bild auf das Kalenderblatt.

August

Sonnenuntergang aus Glanzpapier

Material: Bleistift, Schere, Klebstoff, Glanzpapier (schwarz, orange, rot), weißes Papier (16 × 16 cm)

Arbeitsanweisung: Zeichne die Formen mit Bleistift auf Glanzpapier und schneide sie aus. Klebe alles wie im Vorbild auf das weiße Papier und dieses auf das Kalenderblatt.

September

Herbstbaum aus Tapetenresten

Material: verschiedene Strukturtapetenreste (helle Farben), Bleistift, Schere, Klebstoff, Filzstifte (rot, orange, gelb, braun, schwarz), grünes Tonpapier (16 × 16 cm)

Arbeitsanweisung: Zeichne einen dicken Baumstamm auf eine Tapete und schneide ihn aus. Zeichne auf die Tapete große Blätter und schneide sie ebenfalls aus. Male mit Filzstiften den Baumstamm schwarz bzw. braun und die Blätter bunt an. Klebe den Baumstamm zuerst auf das Tonpapier. Klebe dann von unten beginnend die bunten Blätter über dem Stamm auf, sodass sie sich überlappen und ein Baum entsteht. Klebe zuletzt das fertige Bild auf das Kalenderblatt.

September

Drachen aus Jute

Material: Jute, buntes Krepppapier für Schleifen, Tonpapierreste, Bleistift, Schere, Klebstoff, bunte Wolle oder Schnur, Tonpapier (16 × 16 cm)

Arbeitsanweisung: Schneide aus Jute einen Drachen aus. Klebe auf den Rand des Drachens einen Tonpapierstreifen. Male dem Jutedrachen ein hübsches Gesicht. Lege den Drachen auf das Tonpapier und klebe ihn fest, ebenso den bunten Wollfaden als Schwanz. Schneide passende Streifen aus Krepppapier, binde sie zu Schleifen und klebe sie an die Ecken des Drachens und an den Schwanz. Das Bild mit dem fertigen Drachen klebe zuletzt auf das Kalenderblatt.

September

Apfel aus Moosgummi

Material: Moosgummi, zwei Wackelaugen (15 mm), Bleistift, Schere, Klebstoff, schwarzer Stift, Tonpapier (16 × 16 cm)

Arbeitsanweisung: Schneide den Apfel, Stiel, Blatt, schwarzes Wurmloch, Wurm usw. aus. Klebe die Wackelaugen ins Wurmgesicht und male einen lustigen Mund mit dem schwarzen Stift. Klebe die Einzelteile des Apfels auf das Tonpapier. Klebe dann das schwarze Wurmloch auf den Apfel und darauf das Wurmgesicht.
Das Tonpapier mit dem fertigen Apfel klebe zuletzt auf das Kalenderblatt.

September

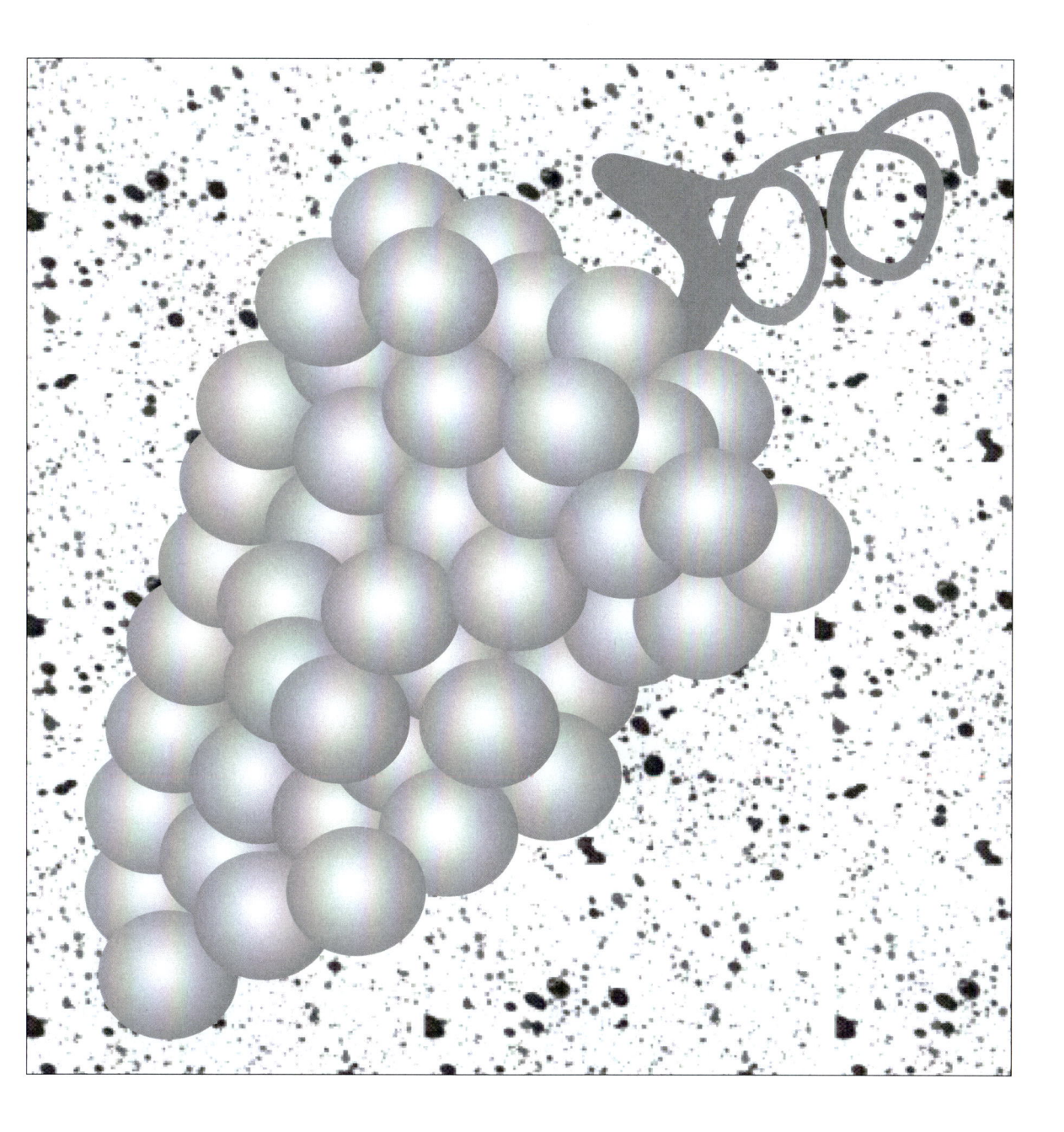

Saftige Weintrauben mit Korkendruck und Spritztechnik

Material: Flaschenkorken, Wasserfarben, Pinsel, Zahnbürste, Schere, Klebstoff, weißes Papier
(16 × 16 cm)

Arbeitsanweisung: Spritze mit der Zahnbürste feuchte Wasserfarbe in blauen und lila Tönen auf das Papier.
Schneide vom Korken die Randscheibe ab und tauche den runden Korkenanschnitt in ver-
schiedene Violett-, Lila- und Blautöne und drucke damit eine Weintraube. Male den Stiel.
Klebe zuletzt das fertige Bild auf das Kalenderblatt.

Oktober

Geisterstunde aus Tonpapier

Material: weißes Tonpapier, Bleistift, Schere, scharfes Messer, Klebstoff, schwarzes Tonpapier (16 × 16 cm)

Arbeitsanweisung: Zeichne die Geister auf den weißen Karton und schneide sie mit der Schere aus. Schneide die Umrisse von Mund und Augen mit einem scharfen Messer aus den Gespenstern. Klebe sie auf das schwarze Tonpapier und dieses auf das Kalenderblatt.

Oktober

Fliegenpilz aus Tonpapier

Material: Tonpapier (rot, weiß, gelb), Bleistift, Schere, Klebstoff, Nagelschere oder scharfes Messer, Deckweiß, Pinsel, vier gelbe Fäden (6 cm), hellgrünes Tonpapier (16 × 16 cm)

Arbeitsanweisung: Zeichne den Schirm des Pilzes auf rotes Tonpapier und schneide ihn aus. Verfahre ebenso mit dem gelben Boden und dem weißen Pilzfuß. Schneide in den Schirm mit Nagelschere oder scharfem Messer Punkte. Klebe hinter den Pilzschirm weißes Tonpapier und den Pilzfuß. Versieh den Pilzschirm und die ausgeschnittenen roten Kreise mit einem weißen Rand aus Deckweiß (mit dem Stiel eines Pinsels vorsichtig auftragen). Bohre in den roten Kreisen am Rand ein kleines Loch, ziehe die gelben Fäden durch und klebe sie von hinten fest. Klebe dann die gelben Fäden hinter den Pilzschirm. Klebe nun den Pilz und den gelben Boden auf das grüne Tonpapier und dieses auf das Kalenderblatt.

Oktober

Igel drucken

Material: braunes und rotes Tonpapier, Klebstoff, schwarzer Stift, ein Wackelauge, kürzere und längere Stücke fester Pappe, Wasserfarben, gelbes Tonpapier (16 × 16 cm)

Arbeitsanweisung: Zeichne und schneide den Igelkopf aus dem braunen Tonpapier. Klebe ihn auf das gelbe Tonpapier. Tauche eine Kante der Pappe in schwarze und braune Farbe und tupfe den Stachelpanzer des Igels. Zeichne und schneide eine rote Sonne aus. Klebe sie auf und tupfe mit der Pappe die Sonnenstrahlen. Tupfe dann mit der Pappe in grüner Farbe den Rasen. Male mit schwarzer Farbe Igelnäschen und -öhrchen und klebe das Wackelauge auf. Klebe dann das fertige Bild mittig auf das Kalenderblatt.

Oktober

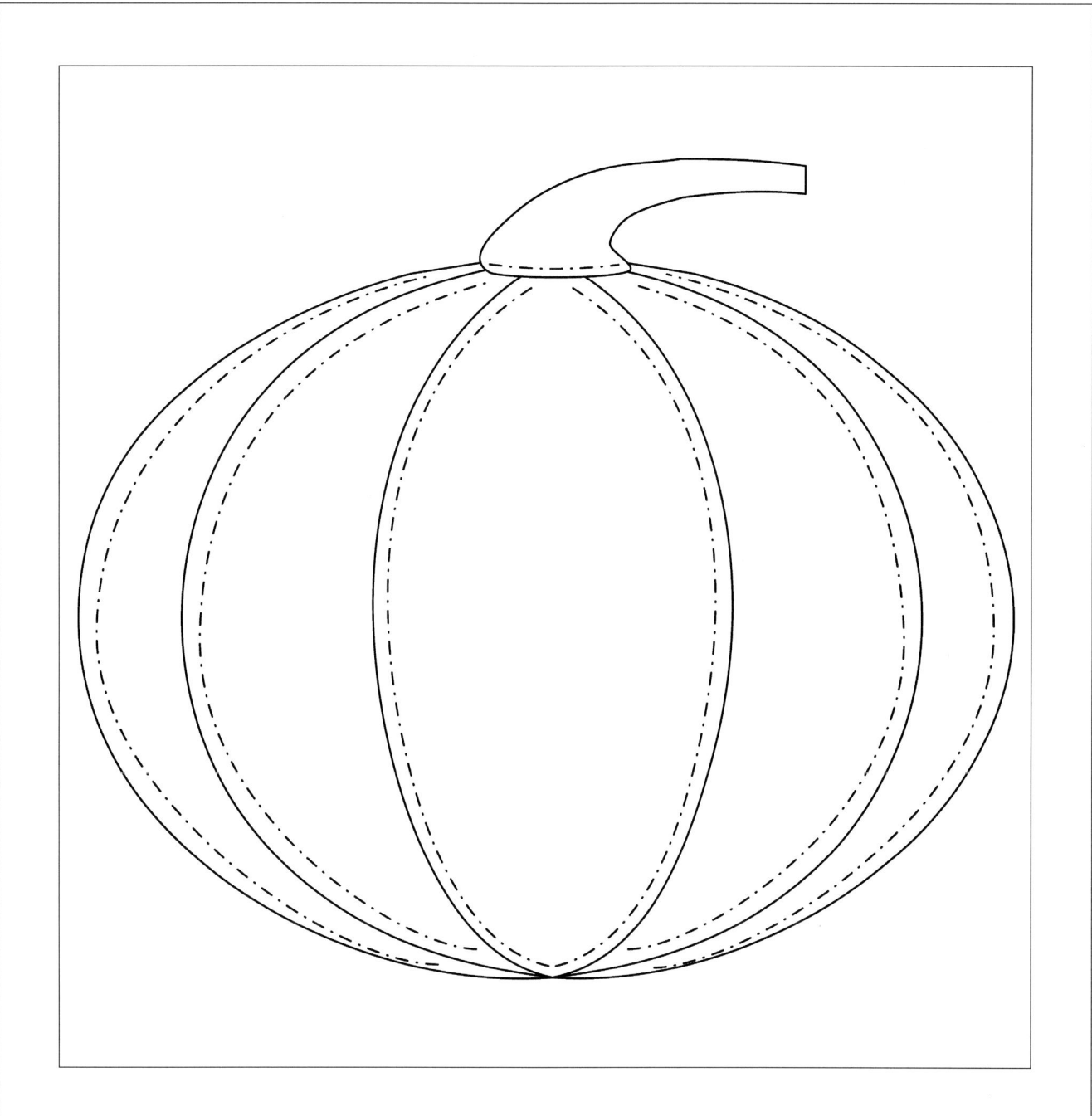

Kürbis aus Filz

Material: Schere, Klebstoff, Filzstücke (orange, gelb, grün), oranges Garn, Nähnadel, grauer Filz oder Tonpapier (16 × 16 cm)

Arbeitsanweisung: Zeichne die einzelnen Elemente des Kürbisses wie oben vorgegeben auf den Filz und schneide sie aus. Beachte dabei, dass sich die Elemente zum Zusammennähen überlappen müssen. Klebe dann die Teile aufeinander. Nähe erst jetzt die Ziernähte. Klebe dann den Kürbis auf den grauen Filz bzw. das Tonpapier und zuletzt das fertige Bild auf das Kalenderblatt.

November

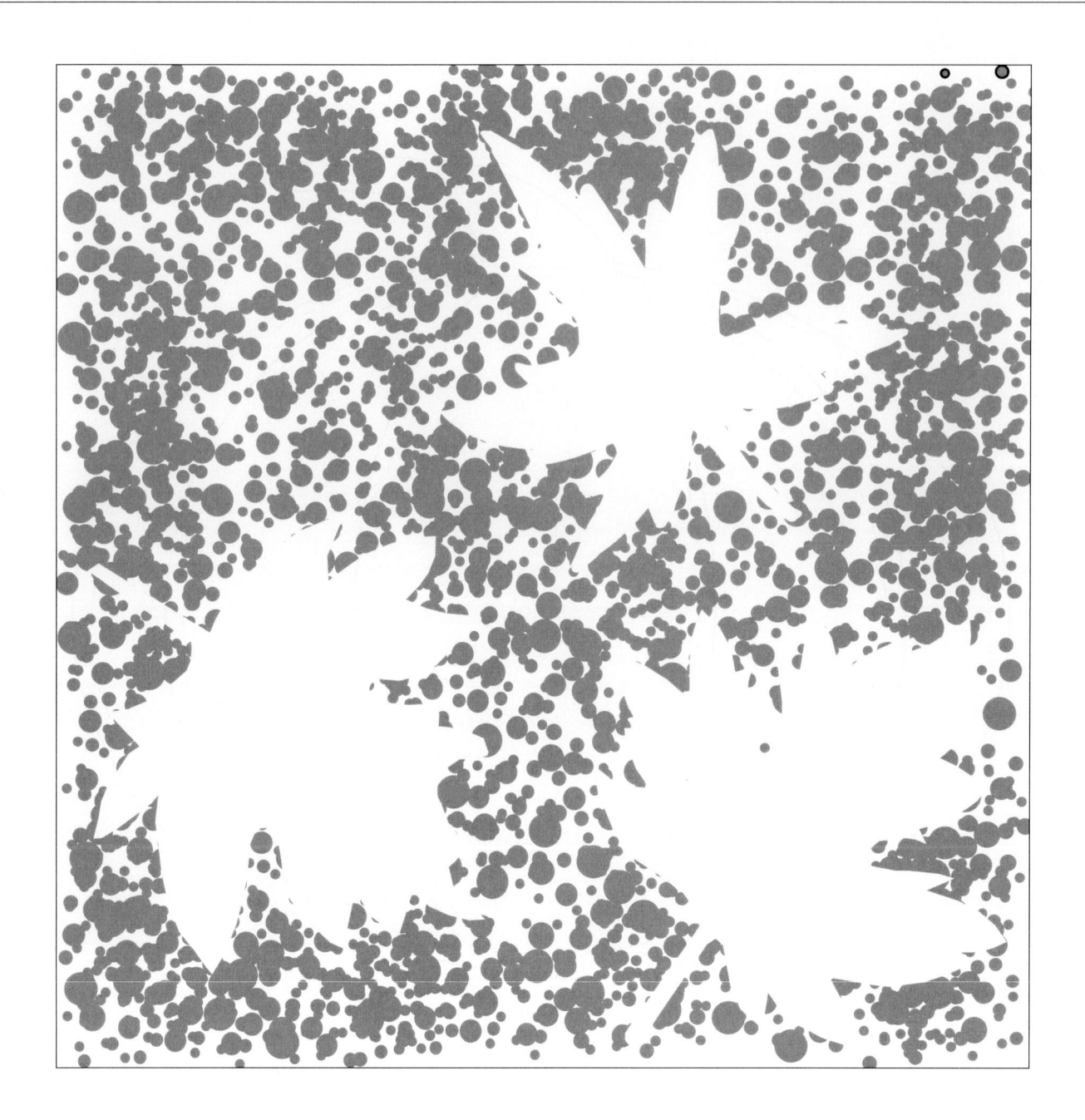

Herbstblätter in Spritztechnik

Material: Klebstoff, Zahnbürste oder harter Pinsel, drei kleine Ahornblätter (ca. 5 × 5 cm), verschiedene Wasserfarben, weißes Tonpapier (16 × 16 cm)

Arbeitsanweisung: Verteile die Blätter auf dem weißen Tonpapier. Spritze dann die verschiedenen Wasserfarben mit der Bürste oder dem Pinsel auf das Tonpapier, sodass man das Weiße des Papiers fast nicht mehr sieht. Ziehe dann vorsichtig die Blätter ab. Klebe das Bild nach dem Trocknen auf das Kalenderblatt.

November

DIE VOGELSCHEUCHE

DIE RABEN RUFEN: „KRAH, KRAH, KRAH!

WER STEHT DENN DA, WER STEHT DENN DA?

WIR FÜRCHTEN UNS NICHT, WIR FÜRCHTEN UNS NICHT

VOR DIR MIT DEINEM BRILLENGESICHT.

WIR WISSEN ES JA GANZ GENAU,

DU BIST NICHT MANN, DU BIST NICHT FRAU.

DU KANNST JA NICHT ZWEI SCHRITTE GEHN

UND BLEIBST BEI WIND UND WETTER STEHN.

DU BIST JA NUR EIN BLOSSER STOCK,

MIT STIEFELN, HOSEN, HUT UND ROCK.

KRAH, KRAH, KRAH!"

CHRISTIAN MORGENSTERN

„Die Vogelscheuche" von Morgenstern illustrieren

Material: Wasserfarben, schwarzer Stift, Bleistift, Klebstoff, weißes Tonpapier (16 × 16 cm)

Arbeitsanweisung: Male auf das Tonpapier eine Vogelscheuche als Illustration des Gedichtes von Christian Morgenstern. Zeichne mit Bleistift vor. Schreibe daneben mit dem schwarzen Stift in einer besonders schönen Schrift das Gedicht.
Klebe das Bild zuletzt auf das Kalenderblatt.

November

Baum vor einen Sonnenuntergang pusten

Material: Wasserfarben, Pinsel, Trinkhalm, Schere, Klebstoff, weißes Tonpapier (16 × 16 cm)

Arbeitsanweisung: Male das weiße Papier mit Streifen von Gelb, Orange und Rot an, sodass ein Himmel beim Sonnenuntergang entsteht. Lass das Papier trocknen. Tropfe mit einem dicken Pinsel schwarzer Wasserfarbe auf das bemalte Papier. Verblase die schwarze Farbe in verschiedene Richtungen.
Klebe nach dem Trocknen das Bild auf das Kalenderblatt.

November

Raupe aus buntem Tonpapier

Material: Tonpapier, Bleistift, Schere, Klebstoff, Zirkel, schwarzer Stift, braunes Tonpapier
(16 × 16 cm)

Arbeitsanweisung: Zeichne mit dem Zirkel auf buntem Tonpapier Kreise von 3 bis 3,5 cm Durchmesser.
Schneide sie aus und klebe sie zu einer Raupe auf dem braunen Tonpapier. Zeichne mit
Bleistift das Köpfchen der Raupe und schneide es aus. Zeichne auf das Köpfchen mit
dem schwarzen Filzstift ein lustiges Gesicht. Klebe danach auch das Köpfchen auf und
zeichne mit dem Filzstift die Füßchen der Raupe auf das braune Tonpapier.
Klebe zum Schluss das Bild auf das Kalenderblatt.

Dezember

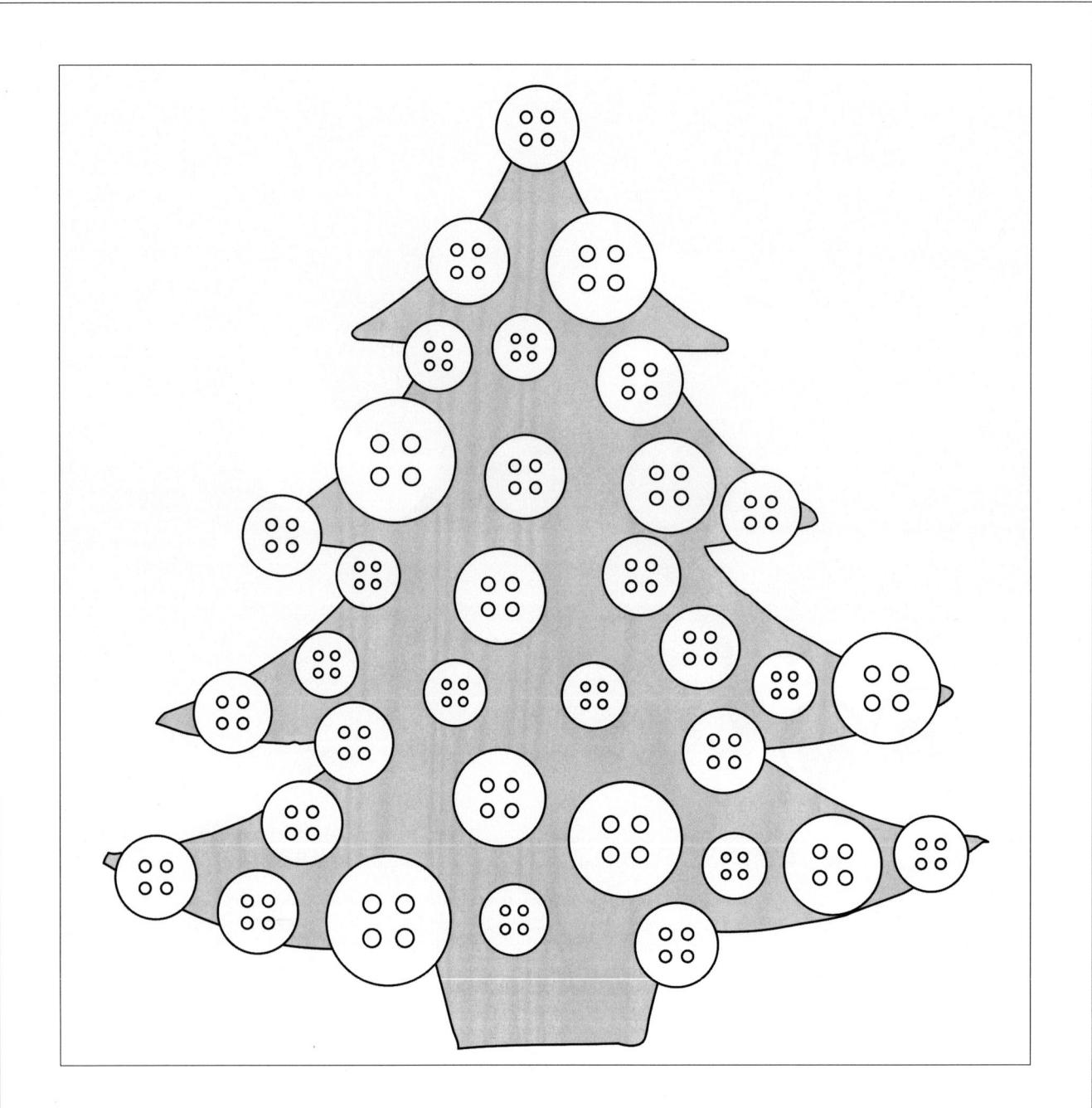

Weihnachtsbaum mit Knöpfen

Material: Bleistift, Schere, bunte flache Knöpfe, grünes Tonpapier, Klebstoff, bunter Faden, Tonpapier (16 × 16 cm)

Arbeitsanweisung: Entwirf auf dem grünen Tonpapier mit Bleistift einen einfachen Christbaum zum Ausschneiden (15 cm hoch). Schneide diesen Christbaum aus. Klebe auf den Christbaum die bunten Knöpfe. (Wenn du Zeit und Geduld hast, nähe sie mit bunten Fäden vorsichtig auf den Christbaum.) Klebe den Christbaum auf das quadratische Tonpapier und dieses auf das Kalenderblatt.

Dezember

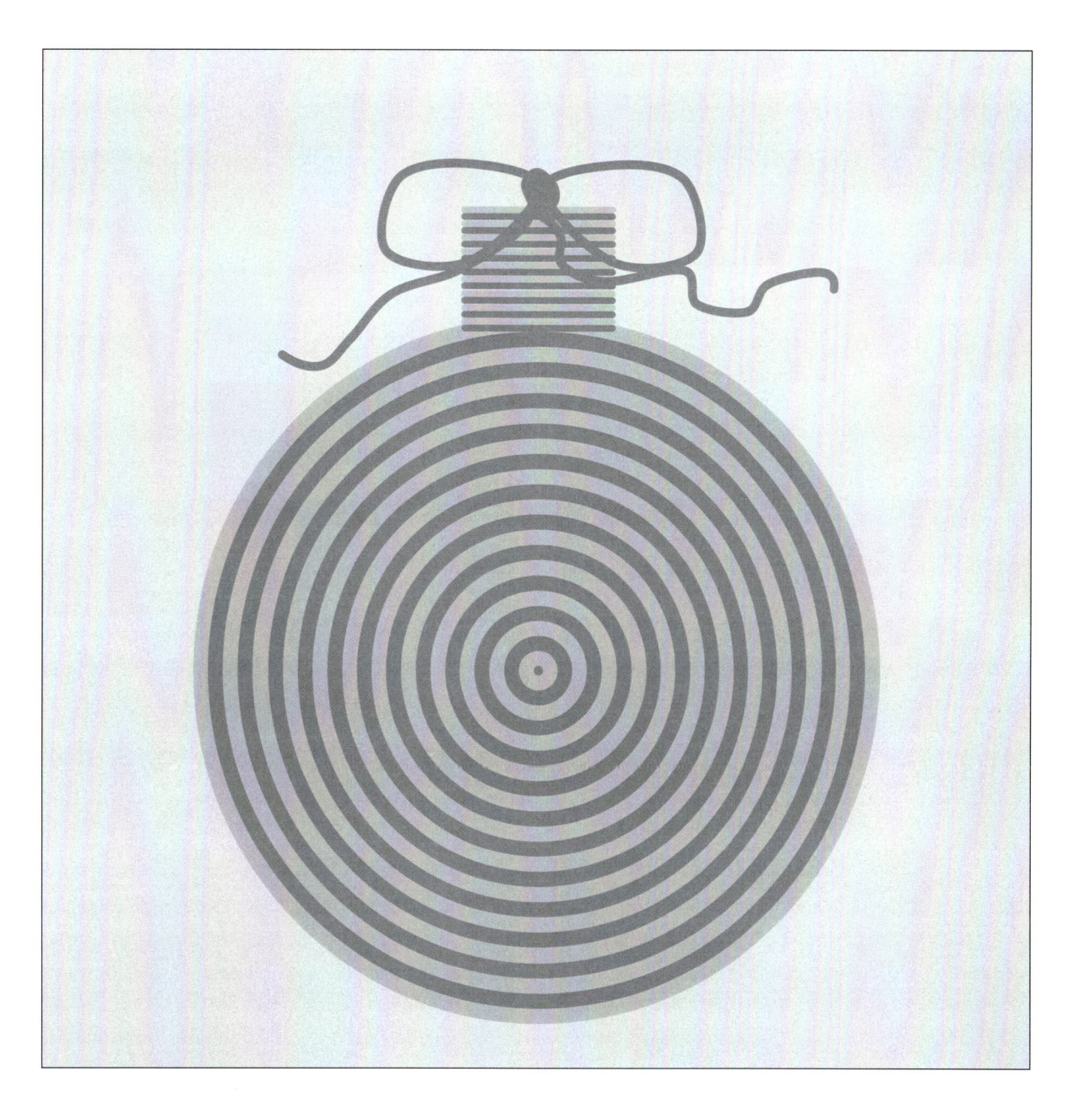

Weihnachtsbaumkugel aus Wollresten

Material: Reste von dicker Wolle in verschiedenen Farben (z. B. rot, grün, weiß), Klebstoff, Schere, grünes Tonpapier (16 × 16 cm)

Arbeitsanweisung: Zeichne einen Kreis mit einem Durchmesser von 10 cm auf das Tonpapier und bestreiche ihn mit Klebstoff. Beginne in der Mitte. Setze den Wollfaden in der Mitte an und klebe von der Mitte zum Rand spiralförmig die Fläche zu. Klebe dann oberhalb des Kreises die kleine rechteckige Fläche (Kopf der Christbaumkugel) ebenfalls mit einem bunten Wollfaden. Klebe danach die Schleife auf den Karton. Zuletzt klebst du das Bild auf das Kalenderblatt.

Dezember

Neujahrsuhr aus Glanzpapier

Material: Bleistift, Lineal, Klebstoff, Schere, Zirkel, Tonpapier (16 × 16 cm), Glanzpapier

Arbeitsanweisung: Messe und schneide aus dem Glanzpapier 5 Streifen 8 × 30 mm, 6 Streifen 8 × 15 mm, 1 Streifen 8 × 80 mm und 1 Streifen 8 × 40 mm. Zeichne so leicht wie möglich mit dem Zirkel in der Mitte auf dem Tonpapier einen Kreis von 15 cm Durchmesser. Klebe die Streifen als Uhrziffern und Zeiger, unter Beachtung des Kreises, auf das Tonpapier. Klebe zuletzt die Neujahrsuhr auf das Kalenderblatt.

Dezember

Schneemann bei Nacht aus Tapetenresten

Material: weiße Tapetenreste, Filzstifte (schwarz, gelb, rot), Schere, Bleistift, Klebstoff, schwarzes Tonpapier (16 × 16 cm)

Arbeitsanweisung: Zeichne den Rumpf des Schneemanns auf die weiße Tapete und schneide ihn aus (am besten aus einem Stück). Zeichne auf die Tapete Hut, Besen, Karottennase und Sterne und schneide sie aus. Bemale die Teile. Klebe dann Hut und Nase auf und schiebe den Besen unter den Schneemann. Klebe den Schneemann auf das schwarze Papier und verteile die Sterne um ihn herum. Klebe dann das Bild auf das Kalenderblatt.